# NARRÉ FIDÈLE

# DU FORFAIT

## COMMIS A RASTADT,

D'après les ordres de l'Autriche, par le régiment des hussards autrichiens, *dit* Szecklers, contre la Légation française au congrès de paix, le 9 Floréal, an 7 de la République.

*Dicté par Jean Debry, l'un des Ministres plénipotentiaires, le 17 Floréal, an 7.*

————————

Il est facile de concevoir que vingt-quatre heures après l'affreux événement du 9 floréal, j'étais trop près de l'objet même de mes sensations pour pouvoir les rendre avec suite et correction; et quoique j'eusse mandé au ministre, dans leur ordre naturel, les principaux faits, il en est beaucoup ou dont je n'ai pas été témoin, ou que la principale catastrophe avait absorbés, et qu'il est essentiel de faire connaître. Je reprendrai donc ici ce récit pénible, mais nécessaire, pour montrer à tout français quel cas ces prétendus défenseurs de l'humanité, ces hommes qui veulent représenter Dieu sur la terre, et qui seraient bien plutôt les images vivantes du Génie du mal, quel cas dis-je, les dignes membres de la coalition contre la République, font des droits que respectent les nations les plus barbares. Si je peux un jour rassembler les renseignemens que m'a ôtés la spoliation des papiers de la légation française, je montrerai dans l'histoire

A

du congrès, que l'Autriche a été fidèle à son plan; que dans tous les instans elle a développé le même caractère, et que, dès l'absurde note *latine* de Meternich, par où commença le congrès, on pouvait reconnaître cet orgueil lâche et féroce qui se réservait de le terminer par un épouvantable assassinat.

Le 9 floréal au matin, nos voitures étaient chargées. C'était l'expiration du délai que nous nous étions fixé pour partir; et, quoique nous n'eussions pris cet engagement qu'avec nous-mêmes, nous ne voulions cependant pas y manquer. Bonnier m'avait dit plusieurs fois la veille: mais ne pourrait-on pas envoyer quelqu'un de sûr vers le Rhin, et se rendre certain que les Autrichiens n'y sont pas? Je lui répondis: ils ne seront point à Plittersdorff, mais ils seront à un village voisin; leurs espions à Rastadt iront les avertir de nos préparatifs de départ, et nous aurons exposé la dignité de notre caractère. Il faut ou avoir un gage de sûreté de la part de Barbacsy, ou remettre à la Députation une dernière note, dans laquelle nous déclarerons à tout le Corps diplomatique, que le défaut de sûreté de notre retour en France nous retient seul à Rastadt; et puis nous les verrons venir. Nous étions assemblés chez moi. On préféra le premier parti, et l'on envoya le citoyen Rosenstiel au baron d'Albini, ministre directorial, pour l'engager à aviser de lui-même aux moyens qui pouvaient faire expliquer à notre égard le commandant des Szecklers. M. d'Albini fit partir un hussard d'ordonnance avec une lettre pour ce commandant; nous vîmes, dans l'intervalle de son retour, plusieurs membres du corps diplomatique qui nous témoignèrent leur mécontentement de la conduite de ce colonel, et nous protestèrent de leur dévouement pour faire respecter nos droits communs: la légation prussienne, entr'autres, nous réitéra l'assurance formelle de ne quitter Rastadt qu'après nous. Elle avait à se plaindre particulièrement de ce colonel, qui s'était permis de mal recevoir M. de Bernsdorff,

qu'elle lui avait dépêché lors de l'enlèvement de notre
courrier Lemaire.

Les heures s'écoulaient, et cependant le hussard ne
revenait pas. Nous nous disions: sans doute il est
retenu pour qu'il puisse rapporter la réponse de
l'Archiduc même. Si nous avions pu deviner ce que
nous préparait le colonel, nous aurions vu qu'effectivement c'était l'exécution des intentions de l'Archiduc. A sept heures et demie le hussard était arrivé.
M. d'Albini se rend chez moi, et nous dit : le commandant de Szecklers m'a envoyé un officier, qui m'a
dit verbalement, que vous pouviez partir sans aucune
crainte ; au surplus, il annonce être chargé d'une
dépéche pour la légation : que lui dirai-je ? Veuillez
lui dire de venir, nous l'attendons. Roberjot voulait
demander quelques explications à M. d'Albini : laissez-
le aller, le jour baisse. Aussitôt que nous l'aurons vu,
nous partirons, la nuit ne nous arrêtera pas.

L'officier entre, remet la lettre à l'un de nous. Elle
était en allemand ; le secrétaire, en l'expliquant, nous
dit: c'est l'ordre de partir dans les vingt-quatre heures. Nous délibérâmes un instant, et nous résolumes
de partir. L'officier demande un reçu ; nous chargeâmes
le secrétaire de ne lui remettre qu'un simple accusé
de réception, nous réservant d'ajouter à notre arrivée
en France une seconde protestation à celle contenue
dans notre note du 6 floréal.

Aussitôt on emballe précipitamment ce qui restait
d'effets, ou plutôt, on le jette confusément dans les
voitures. Ce départ avait l'air d'une fuite ; mais enfin
nous n'obéissions qu'à nous-mêmes, puisque le délai
de notre note n'était point expiré ; et c'était, à notre
avis, quelque chose pour la dignité de notre caractère.
J'ai déjà dit, dans mon premier récit, que ce scru-
pule excessif était ce qui nous avait perdus. Plusieurs des personnes qui nous étaient liées, nous
témoignaient leurs inquiétudes, et nous pressaient de
remettre notre départ au lendemain : je ne tenais, quant

à moi, nul compte de ces craintes, parce que je ne les croyais relatives qu'aux dangers des chemins et de l'embarquement pendant la nuit ; quant à ceux résultant de l'entrée des 400 Szecklers que commandait l'officier porteur de la lettre, j'avouerai que, jusqu'à l'instant de la catastrophe, et presque jusqu'au moment où je reçus le premier coup de sabre, il n'entrait point dans mon esprit de penser, qu'un militaire quelconque, ami ou ennemi, en paix ou en guerre, pût être un corps de bandits ou de valets de bourreaux, et j'étais, à cet égard, dans la plus parfaite tranquillité.

Bonnier avait d'autres pressentimens, mais quoiqu'il connût parfaitement la perfidie autrichienne, et que cette connaissance lui eût valu une priorité dans leur haine, j'imputais sa défiance à son humeur morose.

Roberjot craignait que nous fussions arrêtés et corduits au quartier-général de l'Archiduc ; il aurait désiré partir de jour.

Les chevaux étaiens mis. A huit heures et demie nous sortîmes de la cour du château : nos voitures se suivaient et se touchaient immédiatement dans cet ordre, qu'il est important d'observer.

1.º Ma voiture, dans laquelle j'étais avec ma femme et mes deux filles, conduite par un cocher du Margrave ; 2.º mon cabriolet, où était mon secrétaire et mon valet-de-chambre ; mon cocher le conduisait ; 3.º la voiture de Bonnier ; 4.º celle du secrétaire de la légation ; 5.º celle de Roberjot, où il était avec sa femme ; 6.º celle du citoyen Boccardy, ministre ligurien. Venaient ensuite plusieurs autres voitures conduisant des effets et des gens attachés à la légation.

Arrivés à cette entrée de Rastadt qui conduit au chemin planté d'arbres, prolongeant le canal de la Murg, il nous fut déclaré que la consigne était de ne laisser entrer ni sortir personne. Je prends cet incident pour un mal-entendu, je descends de voiture, j'appelle Bonnier et Roberjot ; nous retournons tous les trois chez le Ministre directorial, qui d'abord avait fait fermer sa porte, mais qui la fit ouvrir ensuite. Beaucoup de membres du corps diplomatique entrèrent avec nous; nous expliquâmes à M. d'Albini ce dont il s'agissait. Comme nous, il le prit pour un mal-entendu; il envoy M. de Munich, secrétaire de a la chancellerie directoriale, au commandant des Szecklers. Au bout d'une demi-heure M. de Munich revint nous annoncer que la consigne était levée pour la légation française seulement. Retournés à nos voitures, on nous fait craindre que des patrouilles de Szecklers, qui poussaient en avant, n'ayant point connaissance de cet ordre, nous arrétassent et nous ramenassent à Rastadt. Sur notre invitation, le baron d'Edelsheim, ministre du Margrave, envoie de nouveau vers le commandant, pour lui demander une escorte, afin de prévenir cet inconvénient. Pendant ce temps, M. de Munich, qui était à ma voiture, me disait que le commandant de Szecklers lui avait paru fâ ché de tous ces obstacles et de toutes les craintes qu'on témoignait; que nous n'avions rien à redouter de sa troupe, et ( je vous prie de remarquer cette exécrable ironie) qu'elle devait nous rendre les honneurs militaires. L'on revient, et on nous rapporte que le commandant refuse l'escorte, en déclarant que nous ne rencontrerions ni une patrouille, ni même une vedette.

Le sort en était jeté : nous partons. On nous laisse passer. Immédiatement après nous, les Szecklers de garde à l'entrée, ferment le passage et présentent le mousqueton à ceux qui voudraient le forcer. Que l'on se représente en ce moment, pour juger la scène qui va suivre, tous les actes d'abandon, de confiance, de loyauté par lesquels, depuis son entrée au congrès, et notamment vers la fin, la légation française s'était signalée : la chaleur qu'elle mit à faire rendre à l'un des membres de la députation un de ses domestiques arrêté aux avant-postes avec des notes et condamné comme espion : l'invitation faite aux généraux de l'armée française, de n'employer aucun développement de forces pour assurer notre retraite, et de nous laisser uni-quement avec la garantie de notre caractère; invitation dont l'Autriche avait connaissance, puisqu'elle avait fait enlever la dépêche où elle était contenue : qu'on n'oublie pas surtout les passeports donnés par nous au comte de Lehrbach, ministre d'Autriche, et à son secrétaire Hoppe, à tous les gens de sa suite; passeports qui lui servirent utilement en passant à nos avant-postes.

Nous n'étions pas avancés à 3o pas sur le chemin, toujours nous suivant immédiatement; un homme de Rastadt portant un flambeau allumé, nous précédait et semblait ouvrir une marche funéraire : je vois encore, oh ! je verrai toute ma vie ces bandits à figures atroces, sortir tête baissée d'entre les arbres, en hurlant, sabre à la main, et faire arrêter ma voiture. C'est sans doute, dis-je à ma femme, avec cette confiance qui ne m'avait pas encore abandonné, c'est sans doute la demande de nos passeports, et en même temps je tendis le passeport allemand qu'ainsi que mes collègues j'avais pris du baron d'Albini; je le tendis par la portière droite, et cette circonstance indifférente en elle-même me sauva la vie, car, si je fusse descendu de l'autre côté, le canal de la Murg qui le bordait, m'eût ôté tout moyen d'échapper. Mon passeport est mis en pièces : la voiture s'ouvre avec violence, je me présente, deux sélérats m'en arrachent; avant que je fusse à terre, ma montre m'était enlevée : une foule d'autres bandits se presse autour de moi, me fouille et me pousse vers la tête des chevaux de la seconde voiture. En ce moment un Szeckler à cheval et le sabre à la main arrive en criant de loin et en mauvais français, *le ministre Jean Debry!* Je présumais encore que cette question avait pour but de réparer, par égard pour le caractère dont j'étais revêtu, ce qui venait d'être fait; mon cocher, Emanuel Sigrist, qui le pensait comme moi, répondit en me montrant, que j'étais le ministre Jean Debry. La question me fut faite une seconde fois; son cheval me touchait : oui, lui dis-je, d'une voix forte, *c'est moi qui suis Jean Debry, ministre de France.* J'avais à peine achevé, que, se levant sur ses étriers, il me porta un violent coup de sabre sur la tête: il redoublait; je me laisse tomber et rouler dans le fossé qui bordait le chemin. C'est sans doute en ce moment que ceux qui me tenaient de côté, et qui m'assaillaient par derrière, me frappèrent à coups redoublés; je ne me rappelle que de l'idée soudaine, que je saisis rapidement, de me laisser tomber et de feindre d'être mort. Celui-là dut croire que je l'étais effectivement, qui me porta par derrière et sur le cou le furieux coup de sabre qui pénétra huit doubles de drap, et, quoique amorti sur une forte cravatte de mousseline, faillit me briser les vertèbres; probablement ce fut en parant les coups qu'on me portait à la tête, que je reçus ceux qui m'ouvrirent le bras gauche. Etendu dans le fossé, j'entendais les cris de ma femme et ceux de mes filles qui demandaient leur père. Un moment après, l'un des Szecklers, qui croyait apparemment que j'avais encore quelque chose à piller, s'approcha de moi; je le sens m'arracher ma cravatte avec violence, me soulever le bras droit, sans doute pour voir si j'étais mort; je le laisse retomber: il me quitte, en me portant vers le haut de la cuisse gauche un coup de pointe de sabre qui va s'amortir sur un bourlet de chemise, ne me laissant qu'une contusion douloureuse.

Voila mot à mot et minutieusement ce qui m'est arrivé. De dire ensuite quelle idée me détermina à quitter le fossé et à tâcher de gagner le bois ; je ne le saurais, je ne m'en rappelle aucune. La connaissance me revint à environ vingt pas du bois : j'entendais les hurlemens des cannibales, les accens douloureux des femmes, et, partagé entre la crainte de rencontrer ceux qui battaient la plaine et de tomber entre les mains de ceux qui gardaient le château, si je voulais rentrer, je me hâtai d'arriver aux premiers arbres du bois, où je tombai baigné dans mon sang.

J'ai su le lendemain que les détails des massacres de mes malheureux collégues avaient été à-peu-près les mêmes. Bonnier fut tiré de voiture du côté de l'eau, et, sur sa réponse qu'il était Bonnier, ministre de France, égorgé sur-le-champ. Roberjot, qui était plus éloigné, était parvenu à se sauver avec son épouse dès les premiers cris; poussé par une sorte de fatalité, ou croyant que c'était une méprise, il revint ensuite. On le sépara de sa femme, et après qu'il eut répondu : *Je suis Roberjot, ministre français*, on le frappa devant elle et presque dans ses bras. Il tomba sur le dos, et se retournant sur le côté, il prononça ces mots : *Ma femme, prends courage*; à l'instant il fut achevé. Ma plume se refuse à tracer un acte d'antropophage dont un témoin oculaire rapporte que son cadavre fut l'objet.

Il est un fait qui paraît constant, et qui doit trouver ici sa place; c'est que le nommé George, domestique de Metternich, commissaire impérial, qui demeure à Rastadt, était mêlé avec les Szecklers, et que ce fut lui qui leur fit reconnaître Bonnier.

Le citoyen Belin, mon secrétaire, arraché de la voiture où il était avec mon valet de chambre, fut frappé, foulé, volé, et forcé, par quatre de ces hommes qui le tenaient aux cheveux, de considérer toute cette scène d'horreur. Mon valet de chambre fut poussé dans la Murg, et parvint à se sauver en s'accrochant aux buissons qui la bordent.

Le secrétaire de la légation se jeta dans un fossé; aidé par son domestique et favorisé de la nuit, il rentra par les clôtures qui environnent le château de Rastadt.

Il était bien évident que l'ordre de tuer ne portait que sur les trois ministres, qu'on exigea l'enlèvement des papiers de la légation, et que l'on promit le pillage aux exécuteurs. Plusieurs des Szecklers l'avouaient hautement. Quelques-uns joignant à leur férocité je ne sais quelle apparence de douceur, qui les faisait paraître plus effroyables encore, répondaient à mes enfans qui demandaient qu'on me rendît à eux, *il n'y a plus de père*; ramenaient dans la voiture la plus jeune de mes filles, qui s'était jetée après moi, pour me suivre; disaient, en allemand, à l'aînée, qu'ils ne faisaient qu'*exécuter les ordres* qu'on leur avait donnés; pressaient ma femme de boire de l'eau-de-vie, et lui disaient de ne point avoir peur, qu'on ne lui ferait pas de mal, qu'elle n'avait aucun sujet d'être triste. D'autres, paraissant comme insensés, entraînaient rapidement la citoyenne Roberjot dans la prairie, puis la ramenaient avec la même rapidité à sa voiture, et lui disaient également qu'ils ne faisaient qu'exécuter leurs ordres. Au reste, s'il pouvait s'élever un seul doute à cet égard chez un homme de bonne foi, si l'on prétendait que ce crime est celui des individus et non celui de l'autorité, qu'on explique comment cet attentat, dans son exécution, eut entièrement l'apparence d'une manœuvre militaire ; comment des deux bandes de Szecklers, l'une fut chargée de nous égorger, et l'autre, placée à toutes les avenues de la ville, militairement et avec consigne, empêchait qu'on ne pût porter aucun secours. Je passe sur une infinité de motifs qui sautent aux yeux et qui pulvérisent un pareil doute ; et je demande si le scélérat qui avait reçu son autorisation du quartier - général, eût osé, sans cela, se faire apporter nos dépouilles, retenir les papiers de la légation, et se faire amener nos voitures à sa porte comme une prise de guerre. Non, non : à l'éternelle infamie de l'exécrable caverne d'égorgeurs, appelée maison d'Autriche, il est clair comme le jour qu'elle seule a conçu le forfait, en a combiné les moyens ; et je doute même que, vu ses principes, il lui reste assez de pudeur pour consentir à ce qu'on lui en retire l'horrible gloire.

Lorsque tout fut consommé, le passage de la porte à l'endroit du crime devint moins difficile, et les membres du corps diplomatique parvinrent à pénétrer jusqu'aux voitures ; on les faisait retourner vers la ville. Quand on saura que la mienne, où étaient ma femme et mes deux filles, ne rentra qu'à une heure du matin, on peut se peindre la durée de l'agonie des malheureux restes de la légation.

Il fallut encore lutter, et contre l'insolence et contre les menaces des Szecklers, pour obtenir, après deux heures de débats, de coups et de dangers, que les membres du corps diplomatique recueilleraient nos familles. La citoyenne Roberjot fut transportée chez M. le baron de Jacobi, où le citoyen Boccardy, ministre ligurien, et son frère, l'accompagnèrent. Ces hommes courageux et sensibles, en partageant tous les dangers de la légation française, et ne la quittant point, témoignèrent d'une manière bien évidente que tout leur espoir reposait sur la France. Ma femme, mes filles et mon secrétaire se retirèrent chez M. de Reden, ministre de Brême-Hanovre, et passèrent la nuit dans des tourmens plus faciles à imaginer qu'à décrire.

De tous les détails ci-dessus, ceux qui ne me concernent point m'ont été rapportés unanimement par les témoins oculaires, personnes attachées à la légation, à quelque titre que ce soit, et dont aucun ne fut exempt des violences exercées contre elle. Il me reste à dire maintenant ce qui m'arriva depuis l'instant où j'entrai dans le bois jusqu'à celui où je retournai à Rastadt. Quelque inconvenance qu'il y ait en général à parler de soi, la situation où je me trouvais alors, les sentimens qui me déchiraient, les angoisses que j'essuyais, tiennent trop intimement à leur cause première, pour que je doive rien négliger de ce qui peut faire ressortir et mettre dans tout son jour une atrocité dont les annales des peuples civilisés n'offrent aucun exemple.

Dès l'entrée du bois je tombai sous le premier arbre; les cris que j'entendais encore, le flambeau dont j'apercevais la lueur vacillante, et des aboyemens peu éloignés, me firent juger que je ne pouvais rester là sans danger: je retrouvai des forces et m'enfonçai dans le bois; j'étais sans chapeau, sans cravatte, sans mouchoir, sans rien de ce qui pouvait me donner quelque soulagement. Il est probable que je me suis évanoui par la quantité de sang qui coulait de mes blessures. Je crus m'être endormi, et je me réveillai pénétré de froid et de pluie, et surtout affecté d'une douleur insupportable à mon bras gauche, dont le froid avait refermé les blessures. Je marchai quelque temps pour me réchauffer, au risque de tomber dans quelque mare ou quelque fondrière dont ce bois était plein. La pluie qui tombait abondamment m'empêchait d'entendre si j'étais poursuivi. Voilà pour les peines physiques : on conçoit facilement que dans une situation comme la mienne, elles n'étaient, pour ainsi dire, rien auprès des peines morales; je les laisse à imaginer aux époux et aux pères. O combien je m'applaudissais alors d'avoir fait partir mes jeunes enfans pour la France ! et combien je regrettais de n'avoir pas fait céder à mes craintes le tendre et généreux attachement de ma femme et de mes deux filles ! Rapporterai-je un fait qui pourra paraître à quelques-uns une puérilité, mais que d'autres jugeront avec plus d'indulgence ? Ce fut vers les trois heures du matin que, pour la première fois du printemps, j'entendis dans ce bois le chant du rossignol; je ne crois pas que jamais ses accens aient ému mon ame comme ils la déchirèrent alors : j'aimais au contraire ces rafales de pluie, cette nuit sombre et orageuse, que j'aurais désiré ne point voir finir; quand l'homme souffre, il croit que toute la nature doit souffrir avec lui.

Le jour commençait à poindre; j'aperçus, à quelque distance de moi, un arbre creux : je parvins à y monter après des efforts infinis; il me fallut en descendre aussitôt, parce que j'y étais plus en vue. Bientôt après, ce que j'avais prévu arriva : des patrouilles de Szecklers vinrent battre le bois et placer des vedettes. Quoique je ne fusse pas l'objet de ce mouvement militaire, je pouvais en être victime. Je me jetai à terre dans le fourré le plus épais que je pus trouver, ce bois étant fort clair. Des hussards passèrent assez près de moi, ils ne m'aperçurent pas; je retirai mes boucles d'oreilles et l'anneau que j'avais au doigt, dans la crainte qu'étant découvert, les bandits ne me mutilassent pour les avoir avant de m'achever. Cette situation ne pouvait durer, je souffrais les douleurs les plus aiguës. Sept heures sonnaient à Rastadt, je me décidai sur-le-champ à y retourner, et, si je n'étais pas massacré aux portes, à me jeter dans la maison du premier envoyé que je rencontrerais. Sorti du bois, j'aperçus à vingt pas de moi deux paysans qui tenaient le même chemin dans la prairie. Je me hâtai de les joindre, pour être moins remarqué; ma figure affreuse, couverte de boue et de sang, les fit reculer d'effroi. Je leur expliquai, comme je pus, que j'étais ministre français, que j'avais été assassiné; ils me placèrent entr'eux deux. Hélas! j'ai su depuis, et j'ajoute cette preuve à mille autres, pour convaincre ceux qui feignent de regarder cet attentat comme l'ouvrage de la brutalité des hussards, j'ai su, dis-je, que ces deux malheureux, pour prix de leur pitié, avaient été arrêtés et transférés au quartier-général. Un groupe d'individus était au lieu de l'affreuse scène de la veille: à mon approche on s'éloigna. Je passai vite, mais pas assez rapidement cependant pour ne pas apercevoir, à dix pas l'un de l'autre, les cadavres mutilés de mes deux malheureux collégues. Ils étaient entièrement nus et me parurent avoir été lavés. La pluie, qui tombait à torrent, me favorisait; je passai les deux postes sans être remarqué, et j'arrivai enfin, hors d'haleine, privé de force et couvert de sang, chez le comte de Goertz, premier ministre plénipotentiaire de S. M. le roi de Prusse.

Il m'est bien doux de me reposer du récit pénible que je viens de faire, en me rappelant ici les témoignages de sensibilité et d'attention consolante dont je fus l'objet. Les ministres du corps diplomatique, sans aucune distinction d'opinion, s'empressèrent de mêler leurs larmes aux miennes; ils paraissaient, en multipliant leurs soins autour de moi, les rendre aux trois membres de la légation, et, dans ma personne, aux deux qui n'existaient plus. Il me faudrait les nommer tous, si je voulais payer à chacun d'eux le tribut de reconnaissance que je lui dois; mais je suis obligé d'arrêter l'effusion de ce sentiment, en songeant que ce serait en désigner plusieurs à la rage encore puissante de l'infernale Autriche. Là je vis le citoyen Rosenstiehl, secrétaire de la légation ; la douleur l'avait rendu comme insensé : là je revis les personnes qui m'étaient attachées, et j'embrassai ma femme et mes enfans ; un courage au-dessus de leur sexe et de leur âge les avait soutenus dans ces momens affreux et dans la nuit d'agonie qui les suivit. Dès le matin, les membres du corps diplomatique avaient chargé M. de Dohm de rédiger, en leur nom, l'acte formel adressé au colonel Barbacsy, dans lequel, en lui manifestant toute leur horreur sur l'attentat de la veille, ils lui demandaient, au nom de leurs commettans, vengeance et sûreté pour les restes du congrès. Ce sycophante dans sa réponse promit tout ce qu'on voulut, et feignit d'ignorer tout ce qui s'était passé. Cependant les voitures étaient encore saisies et déposées chez le commandant des Szecklers à Rastadt : ce ne fut qu'après beaucoup d'instances et même de menaces qu'on parvint à les obtenir. Il se fit également presser pour promettre à mes généreux défenseurs que, si l'état de mes blessures ne me permettait pas de souffrir le mouvement de la voiture, il n'insisterait pas pour que je quittasse Rastadt dans le délai qu'il nous avait intimé la veille. On peut croire que je n'étais pas disposé à profiter de cette condescendance, et que, dussé - je expirer à quatre pas, j'aurais encore préféré ce sort à l'horreur de vivre sous le caprice d'un chef d'assassins. On lui avait déclaré que le major Harraut, commandant des troupes du Margrave, nous accompagnerait avec un détachement de ses hussards ; il fallut subir l'humiliation d'y laisser joindre un nombre double de Szecklers, parmi lesquels plusieurs personnes de ma suite crurent reconnaître des exécuteurs de la veille.

L'opinion générale à Rastadt ne fut point équivoque sur ce forfait : elle l'exécra, elle l'attribua publiquement à l'Autriche ; et, si j'en dois croire ce que j'ai entendu à cet égard, le commissaire civil près l'armée de l'Archiduc, ce même Lehrbach à qui nous avions donné tous les passeports qu'il nous demanda, ne fut point étranger au plan de faire assassiner les trois ministres, d'enlever les papiers de la légation, et de donner le pillage aux bandits pour récompense. S'il a effectivement trempé dans cet atroce complot, puissent les remords commencer dès à présent son supplice !

Les débris de la légation française quittèrent Rastadt le 10 floréal, à une heure après-midi : le commandant des troupes du Margrave avait répondu de nous sur sa tête. Le secrétaire de la légation prussienne, M. de Jordan, jeune homme de résolution, était à cheval à ma portière ; j'étais sûr qu'il se serait fait tuer plutôt que de céder. Nous partîmes en silence, ma voiture en tête ; celle de la citoyenne Roberjot suivait, et je pouvais entendre ses sanglots. On se peindra facilement toutes les inquiétudes de ce malheureux cortége pendant la route de Rastadt au Rhin, si l'on se représente autour de nous les soldats du corps qui nous avait assassinés la veille, tournant de temps en temps sur moi un regard ironique et féroce. Enfin, nous mettons le pied dans le bateau, et peu après nous arrivons à Seltz ; ma femme tombe à genoux, baignée de pleurs, sur la terre de sa patrie. Je tournai pendant quelques instans mes regards sur cette rive droite où j'avais porté des paroles de paix au nom de ma nation victorieuse. Presqu'aussitôt je ramenai ma réflexion amère sur mes collégues égorgés par ordre de la cour de Vienne ; puis, songeant au bonheur inoui qui m'avait fait éviter leur sort, et considérant mes plaies, mes vêtemens pleins de sang, je me suis dit : je conserverai à jamais ces témoignages de la scélératesse autrichienne ; je les léguerai à mes enfans, ils y liront leur devoir dans une seule ligne :

*Bénissez la Providence, et maudissez l'Autriche.*

Signé **Jean Debry.**